金麻雀召集令

6

數感小學
冒險系列

目 錄

這本故事是在說……

這次跟怪咖三人組對決的關鍵是「運氣」！怎麼樣才能讓運氣變好呢？去廟裡拜拜？買紫水晶或掛個八卦鏡？還是扶老太太過馬路？最後一件是一定要做的，不過跟運氣卻不一定有關聯。

小哲他們在比賽中仔細計算每一步的「機率」，就像下棋，每一步都要謹慎思考，挑選機率最大的選項，讓自己的運氣變得更好。那麼骰子能聽見他們的話，出現他們想要的點數嗎？

天氣預報、東西弄不見、路上巧遇朋友……趕快翻開來，你會發現你跟小哲他們一樣，雖然學校沒教過機率，但每天都會接觸到喔。

人物介紹

叮叮

丁小美的綽號，就讀春日小學三年級，常在媽媽開的「慢慢等」早餐店幫忙，算術好，行動力強。

鳳凰露露

春日小學新來的宇宙數學社指導老師，她有個特別神祕的大包包，裡頭應有盡有，簡直就像個宇宙黑洞，這是怎麼回事呢？

故事提要

宇宙數學社的召集令愈來愈多，是不是代表星球卡爭霸戰要分出最終結果了呢？不過鳳凰露露老師總是猜不透，這次竟然要請社員吃大餐，而且有 1 百多種組合。哇～老師難得這麼大方，是不是真的像小哲想的既來之、則吃之呢？

小哲

蔡維哲的外號，從小跟著爸爸做訂製款的高級自行車，喜歡研究機械構造、組裝模型，更愛動手做。

白熊

熊大為的身材像大熊，是溫暖的男孩，他蒐集了各式各樣的百科全書，立志將來也要寫一套自己的百科全書。

第一章

唉～又落鏈了

星期六下午，天氣很好，白雲很高，3輛單車好像在跟風賽跑。白熊、叮叮與小哲準備繞小鎮騎一圈。

　　喀！

　　白熊喊著：「又來了。」

　　小哲和叮叮急忙停住車子。

　　「你的車又『落鏈』了？」小哲問。

　　白熊苦笑著說：「它最近鬧脾氣，騎10次總有1次落鏈。」

　　「換輛新車吧！你是我的好朋友，我爸爸會給你優待價。」小哲拍胸保證：「我家的單車騎10000次才會落鏈1次。」

白熊單車的鏈條卡得很緊，叮叮好奇的問：
「騎 10 次落 1 次鏈？白熊，你有數過嗎？」

「雖然沒數過，但應該差不多。」

「差不多，也有可能差很多。」小哲笑他。

「我沒認真算過是不是真的騎10次落鏈1次，但是應該也差不多，這種落鏈的機率算很高吧。」白熊一邊說、一邊修鏈條。不過，弄了半天也弄不好：「但是，如果是NBA的球員，投10球才進1球，那他就慘了。」

「他們通常投10球會進5或6球，所以如果你想打NBA，命中率只有0.1，那就真的慘。」小哲講到這兒問：「我家的單車騎10000次才壞1次，那是……」

「小哲，太誇張了。」叮叮搖搖頭：「怎麼可能？」

「當然可能，那表示我家的單車品質好。」小哲隨手幫白熊把鏈條一勾：「行了，走吧！」

哇，卡住的鏈條又順暢的轉動起來。

「小哲，你真不是蓋的。」白熊對他佩服的五體投地。

他們正想再出發時，一部單車經過，是他們以前的幼稚園同學張小花。

張小花戴著大草帽，朝他們揮揮手：「我要回家幫媽媽收衣服。」

「收衣服？」

「因為快下雨了。」張小花的聲音漸漸小了。

看著她遠去的身影，叮叮笑著說：「既然有故障率，不知道有沒有『遇到張小花率』？」

白熊說：「1個月上課20天，我們大概1個月遇到她1次，所以是0.05。」

小哲搖搖頭：「如果是天天遇到的話，就應該是百分之百，那是……」

「1。百分之百的機率就是100次裡有100次都會遇到，所以是1。」叮叮指著天上的大烏雲：「白熊，先去你家躲躲吧，我猜我們百分之百會遇到大雨。」

11

1. 單車落鏈！
2. 遇到張小花
3. 今天下雨
4. 被雷打到
5. 小哲家單車壞掉

　　天空像是印證叮叮的話，山頭劈下一道閃電。沒多久，轟隆轟隆的雷聲傳了過來。

　　大雨落下來時，他們正坐在白熊家。雨，啪啦啪啦打在芭蕉葉上。

叮ㄉㄧㄥ叮ㄉㄧㄥ笑ㄒㄧㄠˋ：「幸ㄒㄧㄥˋ好ㄏㄠˇ我ㄨㄛˇ們ㄇㄣˊ騎ㄑㄧˊ得ㄉㄜˊ夠ㄍㄡˋ快ㄎㄨㄞˋ。」

小ㄒㄧㄠˇ哲ㄓㄜˊ也ㄧㄝˇ笑ㄒㄧㄠˋ：「幸ㄒㄧㄥˋ好ㄏㄠˇ白ㄅㄞˊ熊ㄒㄩㄥˊ的ㄉㄜ˙單ㄉㄢ車ㄔㄜ後ㄏㄡˋ來ㄌㄞˊ沒ㄇㄟˊ鬧ㄋㄠˋ脾ㄆㄧˊ氣ㄑㄧˋ。」

「以ㄧˇ這ㄓㄜˋ樣ㄧㄤˋ來ㄌㄞˊ看ㄎㄢˋ，什ㄕㄣˊ麼ㄇㄜ˙事ㄕˋ最ㄗㄨㄟˋ可ㄎㄜˇ能ㄋㄥˊ發ㄈㄚ生ㄕㄥ呢ㄋㄜ˙？」白ㄅㄞˊ熊ㄒㄩㄥˊ家ㄐㄧㄚ有ㄧㄡˇ個ㄍㄜˋ白ㄅㄞˊ板ㄅㄢˇ，那ㄋㄚˋ是ㄕˋ他ㄊㄚ們ㄇㄣˊ家ㄐㄧㄚ人ㄖㄣˊ留ㄌㄧㄡˊ言ㄧㄢˊ用ㄩㄥˋ的ㄉㄜ˙，他ㄊㄚ寫ㄒㄧㄝˇ下ㄒㄧㄚˋ……

小哲查了手機：「氣象局預報，今天降雨率是 70%，所以下雨的機率很高。我家腳踏車壞掉的可能性是 0.0001，比被雷打到的機率還低。」

　　叮叮不服氣：「我只聽過誰的腳踏車壞掉，卻沒聽過誰被雷打到，你家腳踏車壞掉的機率一定比被雷打到高。」

　　「誰說的，我偏要說，我家的腳踏車是『一定』不會壞。」

　　白熊放下紅茶：「沒有『一定』這種事，只能說機率高或低。照這樣來看，機率由高到低的順序應該是 3、2、1、5、4。」

　　小哲拿起遙控器：「我現在看卡通，就是一定會發生的事。」

　　他按下電源鍵，結果電視沒反應。

　　「怎麼回事呢？」小哲按了半天，電視依然不理他。

　　白熊檢查一下遙控器：「電池沒電了，我說得沒錯吧，世界上沒有一定的事。」

　　叮叮正想笑他，落地窗傳來一陣叩叩的聲音，她打開窗戶，一隻金色麻雀飛進來，把嘴裡的卡片放在她手上。

　　誰都沒看過金色的麻雀；當然，麻雀也不會送卡片。但這是宇宙數學社的召集令，他們漸漸習慣數學社這些奇怪的事。

　　「遲到就鎖大門，而且一小時內要到。」叮叮大叫：「怎麼來得及？」

　　「現在出發，時間剛好。」白熊穿好雨衣，跨上腳踏車，喀的一聲……

　　「又落鏈了！」叮叮搖搖頭：「白熊，你的落鏈機率看起來又變高了。」

春日小學宇宙數學社-終極選拔賽
地點在學校正門口邊無法想巷餐廳
餐廳的門將在六十分鐘後，
準時鎖上，逾時不候

機率的歷史故事

　　如果把每一種數學知識看成一個人，研究三角形、正方形的幾何學早在幾千年前就出現，可說是老爺爺。而機率則是「只有」幾百歲的年輕人。它誕生於一個很有趣的問題，差不多像是：你跟朋友一起中 1 張 200 元發票，猜拳決定先贏 3 把就能拿走發票，獨得獎金。猜到一半上課，你贏 2 把，朋友贏 1 把。發票該歸誰呢？

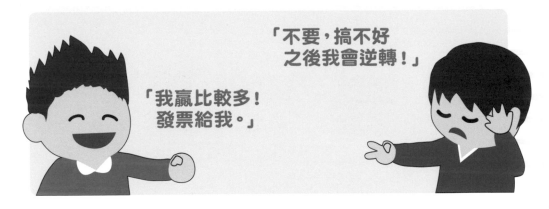

「不要，搞不好
之後我會逆轉！」

「我贏比較多！
發票給我。」

　　看過上一集，你應該會想到：「我們一起去換獎金，再照猜拳獲勝的比例分⋯⋯」

　　不過比例怎麼分配？你贏 2 把，朋友贏 1 把，所以是 2：1。你拿到的獎金就是 200×2÷3，約是 133 元嗎？這樣真的公平嗎？我們的直覺通常很管用，但也只有「通常」，有些時候直覺會誤導我們喔。

來看一個很有名的問題：班上 23 位同學，有可能「2 位」同學剛好同一天生日嗎？應該不太可能。一年 365 天，23 位同學，不會那麼巧剛好同一天生日。但答案跟「丟銅板出現正面的機會」一樣，蠻可能發生的。用數學術語來說：**機率約是 0.5**。

類似意想不到的例子還有很多，例如：手機遊戲給你 3 個寶箱，1 個裝了大獎、2 個空的。當你選定 1 個寶箱後，遊戲從剩下 2 個寶箱中打開 1 個，裡面什麼都沒有。遊戲問：「你想改變選擇，換另 1 個沒開的寶箱嗎？」

① ② ③

你會換寶箱，還是堅持原來的選擇呢？如果選擇換寶箱，恭喜你的直覺還蠻棒的。換寶箱後，中大獎的機率大幅提升，從 33% 升到 67%。再告訴你一開始猜拳分獎金，答案是你可以拿到全部的 $\frac{3}{4}$，也就是 150 元。為什麼會這樣？機率，就是這麼一個常常讓直覺揮空棒的數學知識。

秤出「多可能」的磅秤，
上面的數字是什麼？

「你的書包重嗎？」被問到時，通常回答：重、不重或是還好。想想第三集教的「單位」，這些形容詞都不精準，無法「比較」。舉例來說，你跟朋友都說自己的書包很重，到底誰的比較重？我們可以去找磅秤量量看，如果你的書包重 1.6 公斤、朋友的書包 1.2 公斤，你的書包比較重。

以下情況都可能發生在你身邊，但有「多可能」呢？

| 路上遇到朋友 | 我和朋友用同一種筆 | 對中發票 | 抽到 1 元優待券 |

「多可能」就像輕重、長短一樣，是個因人而異、不精確的形容詞。但是當你算出機率是 0.2、0.5 或 0.7，有了數字就可以精確比較，分出哪個情況才是真的「比較有可能」。

唯有被賦予了數字，才能精確比較。

想像一下，有一臺測量可能性的磅秤，機率是這臺磅秤顯示的數字。「機率磅秤」不是一把真的尺或體重計，只存在想像中。這一集，我們要學習在腦中打造一臺機率磅秤，讓你能測量各種可能性。

　　通常我們用 0 到 1 之間的小數表示機率，像是丟銅板出現正面的機率是 0.5。機率的概念很像第五集的比值。回顧一下，棒球選手打擊率是 0.3，是指每次打擊會打出 0.3 支安打嗎？現實中不可能有 0.3 支安打，所以比只是一種概念，說明兩個數字的相對關係。你也可以解讀成是 10 次打擊有 3 支安打，除以打擊數後變成每 1 次打擊出現 0.3 支安打。

　　同樣的，丟銅板出現正面的機率是 0.5，表示「丟 1 次銅板，出現 0.5 次的正面」，或「丟 100 次銅板，出現 50 次正面」。用 100 次作為基準比較好想像，所以也有機率的百分比表示法，像是明天臺北的降雨機率是 5%、臺中是 40%。

臺北	新竹	臺中	嘉義	臺南	高雄
5%	5%	40 %	80 %	10 %	10 %

機率的特色：充滿變化

有了基本概念後，我們再深入一點。前面提到丟銅板出現正面的機率是 50%（或 0.5），但你試試看丟 100 次硬幣，出現正面的次數一定不會剛好 50 次，可能是 48 次、53 次或 60 次。連續丟兩回 100 次，得到的結果也不一樣，怎麼會這樣呢？

試著丟 10 元硬幣 10 次並重複 4 輪，記錄每次出現人頭或 10 元的比例是不是都是 0.5 ？

連續丟10次	第一輪	第二輪	第三輪	第四輪
人頭				
10 元				

再想想看，打擊率 0.3 的棒球打者，不會每 100 次上場打擊都剛好擊出 30 支安打；命中率 50% 的籃球選手，不會每 100 次投籃都剛好中 50 顆球；幫爸媽對發票，每個月明明發票張數都差不多，但有時候中獎、有時候沒中獎，偶爾運氣好，一口氣中了 3 張。

「變化」、「運氣」是機率的特性。就算機率 0.000001%，也有可能會發生。否則臺灣威力彩的頭獎中獎率低到約

0.000000045，還是有人中獎。還記得小數怎麼唸嗎？0.000000045 的 5 是十億分位，表示每 10 億人也只有 45 人中獎。

機率值是指同一件事情「重複」做非常多次、「大量觀察」後的比例結果，而不是每 100 次就要照比例出現。從這個角度來看，是不是覺得數學家很厲害！如果不懂計算機率，要搞清楚一件事多可能會發生，你得反覆觀察事件很多、很多次（想想看丟一萬次銅板，根本是懲罰了）。像天氣預報，更是只會發生 1 次，連反覆觀察的機會都沒有。

**機率是重複做非常多次的比例結果，
你有想到哪些大數字的量詞可以稱上「多」呢？
像是恆河沙有多少呢？**

數學家連一次明天都不需要經歷，僅僅憑著腦袋裡的機率磅秤，就能知道要是有非常多個明天，其中會有多少比例的天數會下雨，這樣是不是很酷呢？

數學能幫助我們省下很多力氣，甚至能得到原本光憑力氣也得不到的資訊。

2

第二章

無法想巷餐廳

春田小學的正門邊本來是個小公園，現在，卻多了一條小巷子。

巷口牌子寫著：「無法想巷餐廳，由此進。」

昨天還沒有這條小巷，今天巷底，竟然多了一座白色帳棚，無法想巷餐廳的招牌閃著亮光。那隻金麻雀停在牌子上，歪著頭，看著他們。

「那個帳棚怎麼看都像……」叮叮嘆口氣說：「鳳凰露露的皮包！」

無法想巷餐廳 由此進

鳳凰露露的皮包，像個黑洞，好像什麼東西都能裝進去，也好像什麼東西都能變出來。如果它要變成一個大餐廳，這個機率不知道有多高？

叮叮還在想，小哲動作快，停好腳踏車，脫下雨衣。

陽光瞬間露臉了，照得大帳棚閃閃發亮。

無法想巷餐廳

他們走進帳棚，同時發出一聲：「哇～」

無法想巷餐廳裡，溫度比外頭還涼爽，白熊卻找不到冷氣出口，冷氣從哪兒來的呢？他仔細研究了一下，還是找不到線索。餐廳中央是馬賽克吧檯，10張餐桌圍著吧檯，桌上有閃閃發亮的餐具，還有香噴噴的氣味傳來。

咦，什麼聲音叮咚響。宇宙數學社的孩子都知道，那是他們社團指導老師鳳凰露露來了。

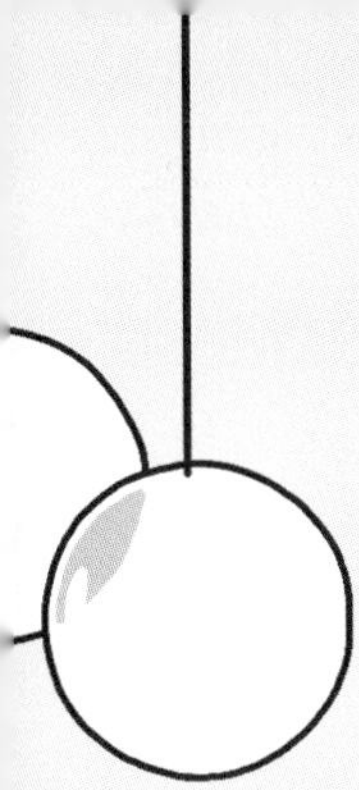

她今天穿著火紅短裙，看著大家，露出一口雪白牙齒：「哦，窩最喜歡的孩子們，泥們好。」

「老師午安。」

「恭喜泥們趕上宇宙數學社的社聚。」她說話時，外頭傳來一陣拍打大門的聲音，應該是有人遲到了。

鳳凰露露搖搖頭：「塔們來不及了，桌子撤了吧。」

穿著銀色制服的服務生搬走2張圓桌。叮叮數了數，現場只剩8張桌子了，每張桌子3個人，那就是剩下24個人。

鳳凰露露跳下吧檯，拍拍手：「社聚開始，可以點菜了。」

叮叮看看四周，怪咖三人組也到了。

一下子，面無表情的服務生來到桌邊，他長得很帥很酷：「菜單，點吧！」

小哲嘆了一口氣：「我每一樣都想吃，可惜肚子沒有那麼大。」

「這是套餐，從沙拉開始選。每一種點一樣，對不對？」叮叮前一句對兩個男生講，後一句對帥哥服務生說。不過，服務生還是沒講話，倒是吧檯前傳來一聲，叮咚。

是鳳凰露露。她輕輕搖了搖頭：「泥們俄不俄？」

「餓死了。」二十幾個孩子大聲的說。

「太好了，泥們只要答對了，就能留下來吃飯。」

「吃飯還要算數學？」小哲嘟著嘴。

「泥應該說，算數學有大餐吃，讚不讚？」鳳凰露露朝著小哲眨了眨眼。

叮叮比較謹慎：「如果答錯了呢？」

「那就打包回家，把泥們點的菜包回家吃。」鳳凰露露說：「題目就在菜單上，仔細看看。」

怪咖三人組怪聲怪調的說：「菜單上只有食物，沒有題目。」

鳳凰露露解釋：「泥們仔細看清楚，菜單的沙拉、湯、主菜和甜點，如果每項只能選一種，一共有多少種選擇呢？把答案寫在菜單上。」

小哲看完菜單，開心的說：「這真是太簡單了，**2 種沙拉＋3 種湯＋4 種主菜＋5 種甜點，答案就是 14。**」他說完，拿了紅筆就想把 14 寫上去。

叮叮趕緊拉著他的手：「我家開餐廳，我最清楚，菜單的組合不是這樣算的。」

叮叮家的早餐店，雖然菜單只有幾樣餐點，但是如果把它們組成套，就可以變化出各式各樣的套餐。她常陪媽媽在店裡做海報，想出最吸引客人的組合。

叮叮把菜單翻過來，用點餐筆解釋：「舉例來說，如果現在只有 2 種沙拉和 3 種湯可以選，那可以把 2 種沙拉先寫成（和風沙拉，鮮果沙拉），3 種湯可以寫成（法式湯，義式湯，濃湯）。把它們列出來，應該會長成這樣……」

和風洋芋沙拉

鮮果櫻桃沙拉

法式海鮮湯 → ① ④

義式肉丸濃湯 → ② ⑤

森林野菇濃湯 → ③ ⑥

「你們看，是 6 種，所以不是加法，應該是乘法：**2 種沙拉 ×3 種湯，是 6 種。**」叮叮放下筆。

小哲接過去，邊算邊說：「所以會有 2×3×4×5，那是……120 種？」

美味餐點輕鬆配

不愧是叮叮，受過專業的早餐店訓練，一下子就算出正確的組合。雖然我們不像叮叮這麼熟練，卻可以一步步寫出組合喔！

沙拉總共有 2 種：

和風洋芋沙拉

鮮果櫻桃沙拉

湯總共有 3 種：

法式海鮮湯

義式肉丸濃湯

森林野菇濃湯

2 種沙拉和 3 種湯的配對組合就是：

① 和風洋芋沙拉配法式海鮮湯　　④ 鮮果櫻桃沙拉配法式海鮮湯

② 和風洋芋沙拉配義式肉丸濃湯　　⑤ 鮮果櫻桃沙拉配義式肉丸濃湯

③ 和風洋芋沙拉配森林野菇濃湯　　⑥ 鮮果櫻桃沙拉配森林野菇濃湯

總共 6 種組合，也就是叮叮說的 2 種沙拉 × 3 種湯 = 6 種組合。

考考你，那 2 種沙拉、3 種湯和 4 種主菜的組合又是幾種呢？

可以想成先前 6 種組合的每一種，都可以再各自搭配 4 種主菜，所以就是 6 × 4 = 24

 那你有辦法證明小哲說的 2 種沙拉、3 種湯、4 種主菜和 5 種甜點的 120 種組合嗎？

「120 種不同的組合，每一種看起來都好好吃。」小哲忍不住嘆了一口氣：「該怎麼點啊？」

「閉著眼睛點吧，反正你都沒吃過啊。」叮叮建議。

「這種感覺就像抽籤一樣，抽到的機率是 $\frac{1}{120}$。」白熊說：「找自己喜歡的，勇敢點吧。」

小哲點得是：和風洋芋沙拉、法式海鮮湯、厚塊鱷魚排、荔香野桃派

他又看看叮叮，她點得是：鮮果櫻桃沙拉、森林野菇濃湯、香煎櫻木鴨和楊枝甘露。

「哇，我們的組合雖然不同，但是價格都是 500 元。」

鳳凰露露走過來，接過菜單看了看，隨口問：「小哲，如果泥隨便亂點，最後價格還有可能是 500 元嗎？」

「有可能，雖然食物組合不同，還是可能組合出 500 元的價格來。」

鳳凰露露滿意了，耳環叮咚響了一陣：「OK，泥們要記得這個邏輯喔。」

她拍拍手，成排的服務生提著打包好的食物，送給另外3桌，那些人很不情願的站起來，被服務生請到門外去。

「他們被淘汰了？」叮叮低聲說：「只剩5桌了，但是，怪咖三人組還在。」

送完那3桌，服務生開始上菜了，第一道是沙拉，擺在沙拉碗裡，看起來好好吃的樣子。

「我說得沒錯，菜單的組合是用乘的。」叮叮很開心。

白熊用叉子叉起一塊水果：「不知道接下來會有什麼題目？」

小哲開心的吃下一顆小蕃茄：「不管是什麼，我們一定會贏過怪咖三人組。」

數感百科

用大腦和紙筆計算機率

機率需要懂得運算技巧不多，只需要加、減、乘、除。真正困難的是要有想像力跟考慮周全。其中有兩個重點要注意：

① 任何一個機率數值，範圍一定在 0 到 1 之間。不會比 1 大，因為不可能出現「1 個打席擊出 2 支安打」的超現實情形。

② 一個事件的所有可能發生的狀況，都有對應的機率值，加起來的總和是 1。

**丟硬幣只有「正面」或「反面」兩種狀況，
所以正面的機率＋反面的機率＝1。**

說起降雨預報，明天只有「下雨」跟「沒下雨」兩種狀況，所以下雨的機率＋沒下雨的機率＝1。

對發票是中獎的機率＋沒有中獎的機率＝1。

丟骰子複雜一點：出現 1 點的機率＋2 點的機率＋3 點的機率＋4 點的機率＋5 點的機率＋6 點的機率＝1

學會前面兩個重點後，就來開始計算機率。首先想像以下的情境：走到便利商店飲料櫃前，店員已經在櫃子裡先擺好各種飲料種類。你閉上眼睛，從櫃子裡拿一罐飲料。每一罐飲料都「同樣可能」被拿到。

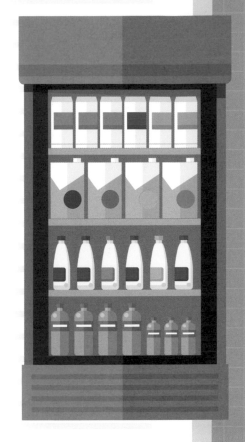

以丟銅板為例，飲料櫃裡只有 2 罐飲料：1 罐寫著正面、1 罐寫著反面。2 罐飲料平分總和為「1」的機率，每次拿到標示正面或反面飲料的機率就是：1÷2 = 0.5。

如果是丟骰子，就是總共 6 罐飲料，上面標著不同的點數。6 罐飲料平分總和為「1」的機率。每次丟骰子，你拿到任何一種點數的機率就是 1÷6，大約是 0.167（或者用分數表示，寫作 $\frac{1}{6}$）。

機率的乘法原理

你看出關鍵了嗎？機率計算的重點是：搞清楚飲料櫃裡有哪些飲料。骰子跟硬幣各準備 2 罐和 6 罐；現實的狀況比較複雜，比方說：叮叮的早餐店裡的飲料有豆漿、鮮奶茶等 2 種；三明治有 3 種口味：火腿、培根、總匯。你最喜歡的是鮮奶茶配火腿三明治，但爸爸總是隨便亂買。

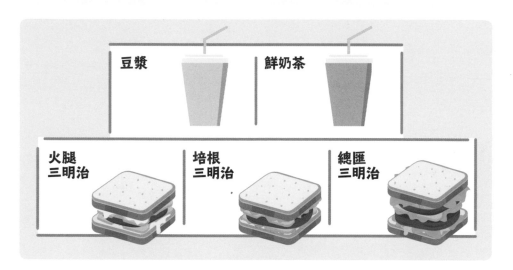

一早起床後，聽到爸爸在客廳叫你吃早餐。你覺得名為「早餐組合」裡，此刻有幾種組合？

$$2 \times 3 = 6 \quad 或 \quad 2 + 3 = 5$$

如果你覺得是 2 ＋ 3 ＝ 5，再看 2 個例子。

換成買便當，主菜有排骨跟雞腿，主食有炒麵、炒飯、白飯，你可以選擇的便當組合有幾種？或是你有 3 個喜歡的玩偶，每個玩偶各自出基本款跟限定款 2 種款式，請問想全部收集，一共要收集幾個？

以上的答案都是 6。在便當的例子，因為要吃主菜（2 種）、又要吃主食（3 種），而不是主菜或主食只吃一種（2 + 3 = 5）。每個玩偶都有 2 種造型，所以 3 個玩偶共有 2×3 = 6 種造型。反應這個情境的數學運算是乘法，而不是加法。

我們可以用圖形說明早餐組合：

既然共有 6 種，隨便選其中一種的機率就是 $\frac{1}{6}$。故事裡點餐的問題更複雜，但只要掌握乘法的規則，還是可以算出來。

第三章

我愛露露賓果盤

無法想巷餐廳的天花板漸漸變暗了。神奇的是，天花板上出現點點的星光。

　　「我在科博館看過，這是360度的星象儀。」白熊說。

　　「像在露營吃飯呢。」叮叮慢慢品味她點的鴨胸：「太好吃了。」

　　在他們吃飯時，吧檯閃了一閃，後頭的瓶瓶罐罐不見了，變成一片墨綠，並出現一排字：「歡迎參加春田小學宇宙數學社社聚。」

　　「原來是投影幕。」叮叮低聲的說。

　　下一道菜上來時，盤子上沒食物，是一張紙……

叮叮咚，鳳凰露露看看大家：「最終極的考驗終於來了，今天要選出春田小學代表隊。」

「今天？要代表什麼？」好多人問。

鳳凰露露撥了撥頭髮：「窩們社團主要是找尋對數學敏感度高的孩子，泥們之前都已經拿到了入場券。前面幾次考驗，三愛和三仁的孩子表現特別好，」她說到這裡，看看小哲他們、又看看怪咖三人組。

「而今天，哪一隊搶到這場勝利，塔們將代表春田小學，與四季鎮的其塔學校椅嬌高蝦。」

「什麼是椅嬌高蝦？」小哲問。

「是一較高下。」白熊向小哲解釋。

叮叮舉起手：「比賽什麼呢？」

「賓果！」鳳凰露露指著盤子上的方格紙。

這種紙上遊戲，他們在學校都玩過。每人準備1張5×5的方格紙，可以二人或多人玩，最先在紙上集滿5條水平線、垂直線或對角線的人獲勝。

賓果！

1	2	3	4	5
6	7	8	9	10
11	12	13	14	15
16	17	18	19	20
21	22	23	24	25

「螢幕上，每一次會有兩顆骰子轉動，把牠們的點數加起來。」鳳凰露露解釋遊戲規則。

白熊聽到這兒問：「兩顆骰子最少是 1＋1＝2 點，最多是 6＋6＝12 點。2、3、⋯⋯12 共有 11 種數字。但是方格紙是 5×5，有 25 格。11 種數字不夠填。」

鳳凰露露給他一個讚賞的眼神：「同一種數字最多可以重複填 3 次。」比賽開始時，兩顆骰子擲出來的點數相加是幾點，泥們就能劃掉表格上的相同數字。如果剛好對到表格的重複數字，泥們挑一個劃。如果都已經被劃過，就什麼事都不能做。」

我愛露露賓果盤規則

規則 1　25 格方格可以填上數字 2～12，每種數字最多重覆填三次。

規則 2　每一次轉動兩顆骰子，點數相加。

**規則 3　出現的數字，就畫掉表格對應數字。
如果表格有重覆數字，就自行挑選一個。**

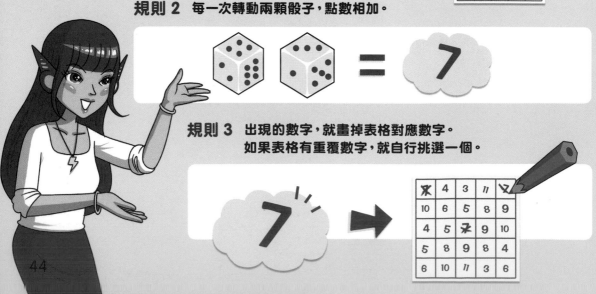

聽到這裡，小哲歡呼一聲，拿起鉛筆，立刻填了起來：「好了，等賓果囉！」

鳳凰露露笑一笑：「不多考慮一下嗎？」

「不必。」小哲答得很快。

「我們討論一下，別急。」白熊急忙喊聲停。

叮叮和小哲同時問他：「賓果就靠運氣啊，還要討論什麼？」

白熊想起剛才鳳凰露露的提示：「你們剛才點了不同的餐點，卻有相同的價格，那麼這11種數字中，有沒有哪些數字特別容易出現呢？」

他這樣一說，大家都低著頭想了一下，白熊補充：「2 顆骰子，各有 6 種點數，就像是 6 道主菜跟 6 道沙拉，一共有 36 種點菜的方法。相加的點數就好比價格，不同的組合可能會有同樣的價格。」

「有道理。」小哲用筆列出各個數字：

2～12 點的骰子組合有哪些？

2 點的組合有：(1,1)

3 點的組合有：(1,2)、(2,1)

4 點的組合有：(1,3)、(3,1)、(2,2)

7 點出現的次數最多，有：(1,6)、(2,5)、(3,4)、(4,3)、(5,2)、(6,1)

一共有 6 種組合。

Q 想想看，剩下 5、6、8 ～ 12 點的組合是長怎樣？

「總共有 36 種組合，7 點就占了 6 種，**機率是 $\frac{6}{36} = \frac{1}{6}$**。理論上每骰兩顆骰子 6 次，就會有 1 次的相加結果是 7。」白熊說：「所以 7 一定要填 3 次。」

小哲仔細看完所有的組合：「6、8是第二容易出現的數字，而2和12出現的機率很少，所以要多擺7或7附近的數字，2和12少放一點。」

「甚至可以不填」。叮叮拍拍手：「哇，沒想到連擲骰子都有這麼多學問。」

「那我來填囉。」叮叮看看別人，好像很多組都填完了。

小哲把方格紙拿過去仔細看看，手指在上頭畫著線。「別急哦，你們看，中間這一格最重要，會有4條直線通過它，所以要擺7；4個角落跟對角線經過的地方也都有3條直線經過。」

小哲一說完，叮叮突然很慎重的看著他：「你真的不一樣了，愈來愈會看出關鍵。」

「這都是跟你學的嘛。」小哲說完，開開心心的把數字填進格子裡。

他們放棄了最不容易出現的2和12，把重兵擺在7附近的數字，同時也把這些數字，放在中間及四個角落。

小哲的設計

7	4	3	11	7
10	6	5	8	9
4	5	7	9	10
5	8	9	8	4
6	10	11	3	6

「我們一定會贏吧。」小哲信心滿滿。果然，第一組數字：兩顆骰子，一顆 5、一顆 2，就是個幸運 7。他們很快就連成一條直線。

神奇的是，當一條線連成之後，他們坐的地方，連桌帶椅往上升高。

「好像舞臺哦。」叮叮站起來，像個明星般，拉起衣服一角，朝底下的人微微敬個禮。

「別急，我們馬上超過你們。」怪咖三人組叫著。

「那怎麼可能呢？」小哲朝大家笑一笑，指指自己的格子紙：「我們都一條線了。」

對，他們都一條線了。但很快的，怪咖三人組也一條線。然後，其他組也跟著一條線，兩條線的升上來。

更厲害的是怪咖三人組，他們竟然一下子竄了兩階，升到三條線。他們手舞足蹈的升上第三階，方向還不忘向他們扮個鬼臉，嘲笑他們是：「你們這幾個地洞人還住一樓啊！」

小哲氣得臉都紅了，好不容易才連成第二條線，但下個號碼一出來，是 2。

「我們沒有選 2。」白熊扼腕的說：「這麼冷門的數字⋯⋯」

可是怪咖三人組竟然選了 2。現在，他們直接升到了第四階。

「再一步、再一步，三仁的隊伍拿冠軍；再一步、再一步，三愛的地洞人哭哭。」怪咖三人組樂壞了。

小哲用手指堵住耳朵，白熊苦笑：「沒辦法，這是比賽。」

「他們只是運氣好。」叮叮沒放棄，她耐心看著格子。如果能出現……

鳳凰露露宣布數字，小哲正要找格子紙上的8，旁邊的叮叮突然歡呼一聲：「賓果，我們賓果了。」

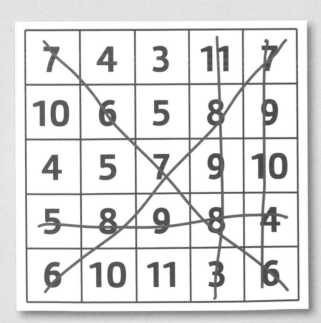

「怎麼可能，竟然是8。」方向不相信。

叮叮抱著小哲，興奮的把格子紙拿給他看：「8，是8，我們圈了它，一次完成三條線。」

賓果！

　　椅子像是回應她的話，三人快速的上升。
先升過怪咖三人組，又升到了天花板，漆黑的
天花板滑出一道四方形的門。他們三個人就這
樣坐到了無法想巷餐廳的頂端。

　　外頭，其實金光普照，只是黃昏呢。四季
鎮沐浴在金光下，幾隻金色麻雀飛到他們腳
旁。叼來一張閃耀著紅光的卡片。

　　「宇宙星球卡？」小哲大叫。

　　「是火星。」白熊說。

春田 小學代表隊集訓教室

「我們真的贏了。」直到現在，小哲還是不太相信。

「那是我們努力過又加上擋不住的運氣。」叮叮興奮的拉著小哲和白熊說：「我們現在是春田小學的代表隊。只是，這代表隊要做什麼呢？」

他們看看腳下，那裡有一道溜滑梯。

「孩子們，滑下去吧。」老師聲音傳了上來。

「滑下去？」他們三個尖叫著。

「滑下去吧，窩的春田小學代表隊。」

他們三個相互看了一眼，就只是一個溜滑梯嘛。面對著夕陽，望著春田小學的操場，他們手牽著手，同時往前一躍，哇！

風聲咻咻，速度很快，看起來很近的溜滑梯，卻覺得滑了很久。下來應該是草地，但等他們睜開眼睛一看，他們竟然滑到了學校的體育器材室。旁邊的教室門被風吹開了，陰陰暗暗的教室，亂七八糟的地面，就黑板上，被人用粉筆寫著一行歪七扭八的大字……

這個冒險故事還沒有結束⋯⋯

和春田小學一樣，在小鎮的幾個角落，同時出現一陣眩目閃光。

靠近大池塘那邊，四位小女生又叫又跳的：「我們拿到3張星球卡了。

離鎮上最遠的小學，有個頭特別大的男孩把卡片扔進書包，一腳踩進宇宙數學社集訓室裡：「還有挑戰嗎？我最愛挑戰了。」

門砰的一聲關上，裡頭有銀色的閃光啪啪跳動。天哪，這是⋯⋯

小鎮中心，一對雙胞胎兄弟互相望了一眼，很有默契的專心研究這些星球卡。

「這裡一定有什麼祕密。」雙胞胎的哥哥說。

「但沒有我們解不開的祕密。」雙胞胎的弟弟說。

叮叮、小哲和白熊不但加入宇宙數學社，竟然還成為代表隊！究竟之後要怎麼和其他隊伍一同接受挑戰呢？別著急，先讀後面的數感百科做好萬分準備吧！

比直覺更好用的機率

　　機率很有趣的是，看起來很像的情境，有時候稍微轉個彎，機率值就大不相同。如果爸爸買早餐回來後，問你：「猜我花多少錢？」

早餐店的價格是：

豆漿	鮮奶茶	火腿三明治	培根三明治	總匯三明治
25 元	30 元	25 元	30 元	35 元

你覺得猜多少錢比較容易答對呢？我們把價格寫在剛剛的圖上。

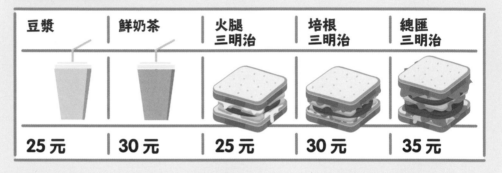

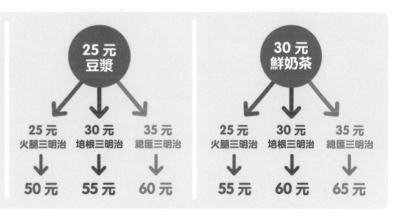

　　雖然有 6 種飲料跟三明治組合，但 2 種組合「豆漿＋培根三明治」、「鮮奶茶＋火腿三明治」的價格都是 55 元；另外 2 種組合「豆漿＋總匯三明治」、「鮮奶茶＋培根三明治」的價格都是 60 元。

換成看價錢，6 種組合不再是完全不同，而是 50 元 1 種、55 元 2 種、60 元 2 種、65 元 1 種。對應的機率就是：

$$50\ 元的機率 = \frac{1}{6}$$

$$55\ 元的機率 = \frac{2}{6} = \frac{1}{3}$$

$$60\ 元的機率 = \frac{2}{6} = \frac{1}{3}$$

$$65\ 元的機率 = \frac{1}{6}$$

所以猜 55 元或 60 元，比較有可能猜對。

故事最後，白熊他們玩骰子賓果時，刻意多寫幾個 7，避掉 2 跟 12，就是同樣道理。兩顆骰子一起丟，會出現 6×6 = 36 種狀況。

第一顆骰子點數, 第二顆骰子點數
總和 2 點：(1,1)
總和 7 點：(1,6)、(2,5)、(3,4)、(4,3)、(5,2)、(6,1)

即使不動手算，一直丟骰子也可以感受到 7 點比 2 點更常出現；但會算機率，就可以精準知道，7 點出現的機率是 2 點的 6 倍！

來挑戰一開始的問題

經過一連串介紹後，你打造好腦海裡的機率磅秤了嗎？讓我們用一開始的問題來檢測看看吧。

在用比例來分配發票獎金 200 元的問題裡，根據「現在誰贏幾把」來分配獎金一看之下好像可以，但仔細想想，根據「獲勝機率」來分配獎金，才是更合理的選擇。

贏 3 把的人獲勝，你贏 2 把、朋友贏 1 把。所以接下來：

第一種情況：

第 4 把是你贏 → 機率是 0.5

第二種情況：

第 4 把朋友贏的機率是 0.5，第 5 把你贏的機率是 0.5

→ 朋友贏第 4 把，但你贏第 5 把的機率是 0.5×0.5 = 0.25

將兩種結果的機率加起來，你獲勝的機率 0.5 + 0.25 = 0.75。

既然你有 0.75 的獲勝機率，那就應該分到 200×0.75 = 150 元。

如果這樣算有點麻煩，換個角度想，分析朋友會贏的機率看看吧。

朋友只有一種情況會贏，就是需要連贏第 4 把跟第 5 把：

第 4 把朋友贏的機率是 0.5
第 5 把朋友贏的機率是 0.5
→ 連贏第 4 把跟第 5 把是 0.5×0.5 = 0.25

還記得機率計算的第二個重點嗎？一個事件中，所有可能發生的狀況，加起來的機率總和是 1。
→ 你贏的機率＝1－朋友贏的機率＝1－0.25 = 0.75。

比起剛剛要算兩個結果，算出來的機率值還要相加，利用第二個重點就能一下子算出來。

這就是數學有趣的地方，解數學問題就像去一個國家旅行，有很多條不同的旅遊路線。如果有一條路很難走，硬著頭皮慢慢走，寫下許多計算過程，當然是一種方法；但有些時候，不妨先退一步，思考有沒有別條路。說不定你會看到，原來只要轉個彎，一道數學式子就能幫你抵達目的地了。

數感遊戲
我愛露露賓果盤

　　又一次，看到小哲 3 人運用數感觀察，從中發現規律，擊敗對手獲得勝利。你覺得你比小哲他們更厲害嗎？給你一個機會跟春日小學代表隊一較高下吧。

　　一起來玩這場骰子賓果，下圖是春日小學代表隊的設計。小哲他們說關鍵在於：

① 在數字 2 到 12 中，中間的數字比較容易出現。

② 方格紙正中間的格子最重要，再來是兩條對角線經過的位置。

　　那你又會怎麼設計呢？

7	4	3	11	7
10	6	5	8	9
4	5	7	9	10
5	8	9	8	4
6	10	11	3	6

遊戲道具 請從書末遊戲配件頁自行影印後剪取

❶ 6 面的骰子 1 顆　※ 請自行準備。

❷ 12 面的骰子 1 顆　※ 請自行準備。

❸ 賓果板 4 張（5×5 方格）

❹ 1 到 12 的數字小卡

每一種數字各 10 張。每張數字小卡有兩面，一面灰色、一面紅色。

1	1	1	1	1	1	1	1	1	1
2	2	2	2	2	2	2	2	2	2
3	3	3	3	3	3	3	3	3	3
4	4	4	4	4	4	4	4	4	4
5	5	5	5	5	5	5	5	5	5
6	6	6	6	6	6	6	6	6	6

7	7	7	7	7	7	7	7	7	7
8	8	8	8	8	8	8	8	8	8
9	9	9	9	9	9	9	9	9	9
10	10	10	10	10	10	10	10	10	10
11	11	11	11	11	11	11	11	11	11
12	12	12	12	12	12	12	12	12	12

1	1	1	1	1	1	1	1	1	1
2	2	2	2	2	2	2	2	2	2
3	3	3	3	3	3	3	3	3	3
4	4	4	4	4	4	4	4	4	4
5	5	5	5	5	5	5	5	5	5
6	6	6	6	6	6	6	6	6	6

7	7	7	7	7	7	7	7	7	7
8	8	8	8	8	8	8	8	8	8
9	9	9	9	9	9	9	9	9	9
10	10	10	10	10	10	10	10	10	10
11	11	11	11	11	11	11	11	11	11
12	12	12	12	12	12	12	12	12	12

遊戲玩法 參與人數上限 4 人

❶ 依據玩的人數，決定數字小卡的數目

規則是：每種數字的小卡數目＝人數×2＋1。比方說，2個人玩，每種數字卡各要 5 張。

❷ 每一輪用猜拳或輪流，決定拿卡片的順序

直到所有人都拿齊 25 張卡片，填滿賓果板。
卡片放在賓果板，將灰色朝上。

❸ 使用1顆1～6 點的六面骰子

每人輪流丟骰子兩次，若 2 次骰子丟出的點數總和，對應到賓果板上的灰色數字，則將卡片翻至紅色面（表示已選）。如果對應的灰色數字同時有好幾個，任意選擇一個。如果沒有對應到灰色數字或都是選過，這輪跳過。

❹ 最先用紅色卡片連出 5 條線的人獲勝。

進階玩法

❶ 改用其他種類骰子

12 面的骰子擲 1 次，或是 6 點骰子 (4、5、6) 視為 (1、2、3) 點玩，重複擲 4 次。或其他種類的骰子，只要符合點數加總最大是 12 點即可。

❷ 假想敵對決

如果你想跟春日小學比賽，可以讓爸媽或同學使用前頁春日小學的排法，來場假想敵對決吧。

數感思考

　　親身參與故事裡的比賽，你有沒有以下的感受呢？丟 6 面的骰子，每一面數字出現的次數差不多，但丟 2 次 6 面骰子加起來是 7 點出現的次數真的比較多！還有，就算按照小哲他們發現的規則，多擺一些 7、6、8 等在 2~12 正中間的數字，而且擺在正中間和對角線上。但還是不能百分之百一定獲勝。2 或 12 這種邊緣的數字有時候就是會莫名其妙連續出現好幾次，或是 3 出現的比 5 還多次，真是氣死人。

　　上面這兩點，就是我們一再強調的機率特質。雖然理論上 7 最容易出現，但如同連續丟 4 次銅板，不會總是 2 次正面、2 次反面，每回合出現最多次的點數也不一定是 7。小哲他們根據機率設計的擺法，不能保證你每盤都贏；只能確保你如果玩很多盤，比起沒根據機率的亂擺，你會贏比較多場。

　　能夠丈量捉摸不定的運氣的數學 —— 就是機率。最後想想看，當我們用不同面數的骰子來玩，7 依然是最容易出現的點數嗎？還是有別的點數跟 7 一樣，甚至比 7 還容易出現呢？

給家長的數感叮嚀

數學課綱中關於機率統計的類別稱為「資料與不確定性」，雖然要到國高中才學機率，但小學中年級起，小朋友就會學到如何製作統計圖表，六年級學到根據統計資料，判斷可能或不可能，算是機率的前菜。

機率在生活中非常實用。到書店走一圈，科普書提到的熱門數學知識，機率一定榜上有名。知名的美國數學家亞瑟 · 班傑明（Arthur Benjamin）甚至倡議以「機率與統計」為主軸來規劃國民數學教育：瞭解數據、懂得風險、隨機性、預測未來、分析趨勢等，都是生活中需要具備的能力，也都跟機率密不可分。我個人認同班傑明教授的說法，因此在上冊的最後一集，就來聊聊機率。

讓直覺揮空的機率

曾有學者認為，人類進步是因為懂得梳理出因果關係。但也因為總是習慣找出原因，對於「隨機」這樣不存在因果的概念便下意識的抗拒。直覺在機率的面前往往失效。本集我們慢慢來，先讓小朋友感受到「可能性」，故事裡的成員把幾件事情從不可能到可能排序，您可以再來一個進階版：樂透中頭獎、大雷雨被雷打到、發票中200元、10位朋友至少2人同一天生日、丟骰子丟出6點、玩撲克牌5張裡有1對、丟銅板丟出正面、10位朋友交換禮物後有人拿到自己的禮物。我們按照機率由小到大列出來，您把順序打亂，請小朋友排一次。再公布答案，讓他們意識到直覺多不精準。

機率的不確定性

數學講解的一開始,我們連結回第三集的單位、第五集的比,讓小朋友用學過的知識來類比。然而「丟 10 次銅板不是 5 次正面、5 次反面」這種機率值跟實驗結果不一致,還是會造成小朋友的理解困難。

「丟 20 次有 15 次正面、5 次反面。是不是下一次丟 20 次,就有 5 次正面,15 次反面呢?不然不會是 $\frac{1}{2}$ 啊?如果是的話,那就表示每次丟的機率不一樣,怎麼又能說是 0.5 呢?」

有一陣子,我雖然考試沒問題,但對於機率的基本觀念一直搞不懂。後來才了解,應該要想成是

「雖然差了 10 次,但既然機率是 0.5,再丟 200 萬次,我們可以想像正面跟反面各 100 萬次。加上前 20 次,正面是 1,000,015 次,反面是 1,000,005 次。兩者很接近機率 0.5」

機率永遠固定,不會自動調整,是誤差會隨著丟的次數愈多,逐漸被消彌,讓實驗結果趨近於機率理論值。而這也解釋了為什麼我們說機率是試驗很多次後的結果。

您在解釋上面的觀念時,不妨和小朋友一起丟 10 次、100 次,500 次硬幣,丟完統計一下。讓他們親眼看見誤差逐漸變小的過程。

樣本空間是什麼

數學講解的中段介紹了幾項重要的機率知識，機率值的範圍在 0 到 1 之間，樣本空間內的所有事件對應的機率值，相加結果為 1。定義樣本空間是算機率的前置作業，許多情境只要搞清楚樣本空間的模樣，就能算出機率。偏偏樣本空間有時候很抽象，很容易想錯，比方說明天降雨機率 30%，有人就會誤以為是一天 24 小時的 30% 時間下雨，或臺灣 30% 的區域下雨。這些誤會的樣本空間都很具體，正確答案反而相對抽象：100 個平行時空，有著同樣天氣狀況的明天，其中的 30 個平行時空下雨，70 個不下雨。

同個情境，不同問法時的樣本空間也會不一樣。假設擲紅色、藍色兩顆骰子，如果只看不同顏色與骰子點數組合，樣本空間裡有 36 種狀況，發生機率相同，因此機率都是 $\frac{1}{36}$。但如果只看相加後的點數，樣本空間又變成 2 點到 12 點共 11 種點數，以 7 點發生機率最高，2 點跟 12 點發生機率最低。

攻略難題的方式：化簡數字

書中還講了好幾個經典案例：分配獎金問題、三門問題（三寶箱）、生日問題。它們的共通點都是很違反直覺。我們解釋了最好理解的獎金分配。您或許可以進一步查資料，試著和小朋友討論其他兩個問題。其中，三門問題有一個很簡單的解釋方式：假設三道門，第一次選擇的中獎機率是 $\frac{1}{3}$，沒中的機率是 $\frac{2}{3}$。主持人從另外兩道門中開了一道，你若是此刻變更選擇，等於是從「賭第一次選擇中獎」，變成了「賭第一次選擇不中獎」，後者的機率是 $\frac{2}{3}$，所以中獎機率會提高。

生日問題沒有簡單的解釋方法，不過您可以嘗試把問題簡化，例如討論「3 個人之中，至少 2 人的生日是同一個星期幾」。計算方法是用全部去扣掉另外兩個人都要在不同天生日的機率，假如第一個人是星期一，第二個人只有星期二到日 6 天可以選，第三個人剩 5 天可以選

$$1 - \frac{6 \times 5}{7 \times 7} = \frac{19}{49}$$

約是 39%，4 個人的時候

$$1 - \frac{6 \times 5 \times 4}{7 \times 7 \times 7} = \frac{223}{343}$$

提升到約 65%。遇到一個棘手的數學問題，「縮小題目的數字」是一個很棒的切入方式，能更清楚建構出問題背後的邏輯架構，邏輯清楚了，再來看複雜數字的原本問題。拆解後的理解過程，往往會比一次挑戰難題更容易。這樣的觀念，也很值得跟小朋友分享，運用在他們的數學學習中。

數感小學冒險系列
套書企劃緣起

國立臺灣師範大學電機工程學系助理教授、
數感實驗室共同創辦人 / 賴以威

我要向所有關心子女數學教育的家長，認真教學的國小老師脫帽致意，你們在做一件相當不容易的事，因為根據許多國際調查，臺灣學生普遍不喜歡數學、對自己的數學能力沒信心，認為數學一點都不實用。這些對數學的負面情意，不僅讓我們教小朋友數學時得不斷「勉強」他們，許多研究也指出，這些負面情意會讓學習效果大打折扣。

我父親是一位熱心數學教育的國小教師，他希望讓大家覺得數學有趣又實用，教育足跡遍布臺灣。父親過世後，我想延續他的理念，從2011年開始寫書演講，2016年與太太珮妤一起成立「數感實驗室」，舉辦一系列給小學生的數學實驗課，其中有一些受到科技部的支持，得以走入學校。我們自己編寫教材，試著用生活、藝術、人文為題材，讓學生看見數學是怎麼出現在各領域，引發他們對數學的興趣，最後，希望他們能學著活用數學（我們在2018年舉辦的數感盃青少年寫作競賽，就是提供一個活用舞台）。

「看見數學、喜歡數學、活用數學」。這是我心目中對數感的定義。

2年來，我們遇到許多學生，有本來就很愛數學；也有的是被爸媽強迫過來，聽到數學就反彈。六、七十場活動下來，我最開心的一點是：周末上午3小時的數學課，我們從來沒看過一位小朋友打瞌睡，還有好幾次被附近辦活動的團體反應可不可以小聲一點。別忘了，我們上的是數學課，是常常上課15分鐘後就有學生被周公抓走的數學課。

可惜的是，我們團隊人力有限，只能讓少數學生參與數學實驗課。於是，我從30多份自製教材中挑選出10個國小數學主題，它們是小學數學的重點，也是我認為與生活息息相關。並在王文華老師妙手生花的創作下，合作誕生這套《數感小學冒險系列套書》。這套書不僅適合中高年級的同學閱讀。我相信就算是國中生、甚至是身為家長與教師的您，也能從中認識到一些數學新觀念。

本套書的寫作宗旨並非是取代學校的數學課本，而是與課本「互補」，將數學埋藏在趣味的故事劇情中，讓讀者體會數學的樂趣與實用。書的故事讓小讀者看到數學有趣生動的一面；「數感百科」則解釋了故事中的數學觀念，發掘不同數學知識之間的連結，和文史藝術的連結；再來的「數感遊戲」延續數學實驗課動手做的精神，透過遊戲與活動，讓小朋友主動探索數學。最後，更深入的數學討論和故事背後的學習脈絡，則放在書末「給家長的數感叮嚀」，讓家長與老師進一步引導小朋友。

過去幾年來，我們對教育有愈來愈多元的想像，認同知識不該只是背誦或計算，而是真正理解和運用知識的「素養教育」。許多老師和家長紛紛投入，開發了很多優秀的教材、教案。希望這套書能成為它們的一分子，得到更多人的使用，也希望它能做為起點，之後能一起設計出更多體現數學之美的書籍與活動。

王文華╳賴以威的數感對談

用語文力和數學力
破解國小數學之壁

不少孩子怕數學，遇到計算題，沒問題。但是碰上應用題，只要題目文字長些、題型多點轉折，他們就亂了。數學閱讀對某些孩子來說像天王山，爬不上去。賴老師，你說說，這該怎麼辦？

這是個很有趣的現象，我們希望小朋友覺得數學實用（小朋友也是這麼希望），但跟現實連結的應用題，卻常常是小朋友最頭痛的地方。我覺得這可能有兩種原因：

① 實用的數學情境需要跨領域知識，也因此它常落在三不管地帶。
② 有些應用題不夠生活化、也不實用，至少無法讓小朋友產生共鳴。

原來如此，難怪我和賴老師在合作這套書的過程，也很像在寫一個超級實用又有趣的數學應用題。不過你寫給我的故事大綱，讀起來像考卷，有很多時候我要改寫成故事時，還要不斷反覆的讀，最後才能弄懂。

老師的數學太專業了啦！

呵呵，真不好意思，其實每次寫大綱都想著「這次應該有寫得更清楚了」。你真的非常厲害，把故事寫得精彩，就連數學內涵都能轉化得輕鬆自然。我自己也喜歡寫故事，但看完王老師的故事都有種「還是該讓專業的來」的感嘆。

這並不是賴老師太壞心，也不是我數學不好，而是數學學習和文學閱讀各自本來就是不簡單，兩者加起來又是難上加難，可是數學和語文在生活中本來就分不開。再者，寫的人與讀的人之間也是有著觀感落差，往往陷入一種自以為「就是這麼簡單，你怎麼還不懂」的窘境。

而且賴老師，我跟你說：大人們總是覺得看起來簡單得要命的小學數學，為什麼小孩卻不會？

最大一個原因在於大人忘了他們當年學習的痛苦。

小朋友怎麼從一個具象的物體轉換成抽象的數學呢？
→ 當小朋友看到一條魚（具體）
→ 腦中浮現一隻魚的樣子（一半具體）
→ 眼睛看到有人畫了一條魚（一半抽象）
→ 小朋友能夠理解這是一條魚，並且寫出數字1
大人可以一步到位的1，對年幼的孩子來講，得一步步建構起來。

還有的老師或家長只一味要求孩子背誦與解題，忽略了學習的樂趣，不斷練習寫考卷。或是題型長一點，孩子就亂算一通。最主要的原因是出在語文能力不足，沒有大量閱讀的基礎，根本無法解決落落長又刁鑽得要命的題型。

以色列理工學院的數學教授阿哈羅尼（Ron Aharoni）提到，一堂數學課應該要有三個過程：從具體出發，畫圖，最後走向抽象。小朋友學習數學的過程非常細微，有很多步驟需要拆解，還要維持興趣。照表操課講完公式定理也是一堂課，但真的要因材施教，好好教會小朋友數學，是一門難度很高的藝術。而且老師也說得沒錯，長題型的題目也需要很好語文理解能力，同時又需要有能力把文字轉譯成數學式子。

確實如此，當我們一直忘記數學就存在生活中，只強調公式背誦與解題策略，讓數學脫離生活，不講道理，孩子自然害怕數學。孩子分披薩，買東西學計算，陪父母去市場，遇到百貨公司打折等。數學如此無所不在，能實實在在跟數量打足交道，最後才把它們變化用數學表達出來。

沒有從事數學推廣前，我也不覺得數學實用、有趣。但這幾年下來，讀了許多科普書、與許多數學學者、老師交流後，我深信數學是非常實用的知識，甚至慢慢具備了如同美感、語感一樣的「數感」。我也希望透過這套作品，想要品味數學的父母與孩子感受到數學那閃閃發亮的光芒，享受它帶來的樂趣。

讓孩子喜歡數學的絕佳解方

臺灣大學電機工程系教授、PaGamO 創辦人／葉丙成

要讓孩子願意學習，最重要的是讓他們覺得學這東西是有用的、有趣的。但很多孩子對數學，往往興趣缺缺。即便數學課本也給了許多生活化例子，卻還是無法提起孩子的學習熱忱。

當我看到文華兄跟以威合作的這套《數感小學冒險系列》，我認為這就是解方！書裡透過幾位孩子主人翁的冒險故事，帶出要讓孩子學習的數學主題。孩子在不知不覺中，隨著主人翁在故事裡遇到的種種挑戰，開始跟主人翁一起算數學。這樣的表現形式，能讓孩子對數學更有興趣、更有感覺！

而且整套書的設計很完整，不是只有故事而已。如果只有故事，孩子可能急著看完冒險故事就結束了，對於數學概念還是沒有學清楚。每本書除了冒險故事外，還有另外對應的數學主題的教學，帶著孩子反思剛才故事中所帶到的數學主題，把整個概念介紹清楚，確保孩子在數學這一部分有掌握這次的主題概念。

更讓我驚豔的，是每本書最後都有一個對應的遊戲。這遊戲可以讓孩子演練剛才所學到的數學主題概念。透過有趣的遊戲，讓孩子可以自發地做練習數學，進而培養孩子的數感。我個人推動遊戲化教育不遺餘力，所以看到《數感小學冒險系列》不是只有冒險故事吸引孩子興趣，還用遊戲化來提昇孩子練習的動機。我真心覺得這套書，有機會讓更多孩子喜歡數學！

用文學腦帶動數學腦，
幫孩子先準備不足的先備經驗

彰化原斗國小教師／林怡辰

數學，是一種精準思考的語言，但長期在國小高年級第一教學現場，常發現許多孩子不得其門而入，眉頭深鎖、焦慮恐懼。如果您的孩子也是這樣，那千萬別錯過「數感小學冒險系列」。

由小朋友最愛的王文華老師用有趣濃厚的故事開始，故事因為主角而有生命和情境，再由數感天王賴以威老師在生活中發掘數學，連結生活，發現其實生活處處都是數學，讓我們系統思考、解決問題，再引入教具，光想就血脈賁張。眼前浮現一個個因為太害怕而當機的孩子，看著冰冷數字和題目就逃避的臉孔。喔！迫不及待想介紹他們這套書！

專對中高年級設計，專對孩子最困難的部分，包括國小數學的大數字進位、時間、單位、小數、比與比例、平面、面積和圓、對稱、立體與展開，不但補足了小學數學課程科普書的缺乏，更可貴的是不迴避正面迎擊孩子最痛苦的高階單元。最重要的是，讓喜歡文學的孩子，在閱讀中，連結生活經驗，增加體驗和注意，發現數學處處都是，最後，不害怕、來思考。

常接到許多家長來信詢問，怎麼在學校之餘有系統幫助孩子發展數學運思，以往，我很難有一個具體的答案。現在，一起閱讀這套書、思考這套書、操作這套書，是我現在最好的答案。

從 STEAM 通向「數感」大門！

臺南師範大學附設小學教師／溫美玉

閱讀《數感小學冒險系列》就像進入「旋轉門」，你能想像門一打開，數學會帶你到哪些多變的領域嗎？

數學形象大翻身

相信大部分孩子對數學的印象，都跟這套書的主角小哲剛開始一樣吧？認為數學既困難又無趣，但我相信當讀者閱讀本書，跟著小哲進入「不可思『億』巧克力工廠」、加入「宇宙無敵數學社」後，會慢慢對數學改觀。為什麼呢？因為這本書蘊含「數感」這份寶藏！「數感」讓數學擺脫單純數字間的演練、習題練習，它彷彿翻身被賦予了生命，能在生活、藝術、科學、歷史中處處體會！

未來教育5大元素，「數感」一把抓

以下列舉《數感小學冒險系列》的五大特色：

①「校園故事」串起3人冒險

有故事情節、個性分明的角色，讓故事貼近孩子的生活。

②「實物案例」數學也能在日常生活中刷存在感

許多生活中理所當然的日常用品，都藏有數學的原則。像是鞋子尺寸（單位）、腳踏車前後齒輪轉動（比與比例）等，從中我們會發現人生道路上，數學是你隨時可能撞見的好朋友。

③「創意謎題」點燃孩子求知心

故事中的神祕角色鳳凰露露老師設計了許多任務情境，當中巧妙融入數學概念的精神。藉由解謎過程，能激發孩子對數學概念的思考。

④「數感百科」起源/原理/應用一把罩

從歷史、藝術、工程、科學、數學原理等層面總結概念，推翻數學只是「寫寫算算」的刻板印象。

⑤「數感遊戲」動手玩數學

最後，每單元都附有讓孩子實際操作的遊戲，讓數學理解不再限於寫練習題！

STEAM的最佳代言人！

STEAM是目前國外最夯的教育趨勢，分別含括以下層面：
科學（Science）、科技（Technology）、工程（Engineering）、藝術（Art）以及數學（Mathematics）。但學校的數學課本礙於篇幅，無法將每個數學概念的起源、應用都清楚羅列，使孩子在暖身不足的情況下就得馬上跳入火坑解題，也難怪他們對數學的印象只有滿山滿谷的數字符號及習題。

若要透澈一個概念的發展歷程、概念演進、生活案例，必須查很多

資料、耗很多時間，幸虧《數感小學冒險系列》這本「數學救星」出現，把STEAM五層面都萃取出來，絕對適合老師/家長帶領高年級孩子共讀（中、低年級有些概念太難，師長可以介入引導）。以下舉一些書中的例子：

① **科學 Science**

「時間」單元的地球自轉、公轉概念。

② **科技 Technology**

科技精神涵蓋書中，可以帶著孩子上網連結。

③ **工程 Engineering**

「比與比例」單元的腳踏車齒輪原理。

④ **藝術 Art**

「比與比例」單元的伊斯蘭窗花、黃金螺旋。

⑤ **數學 Mathematics**

為本書的主體重點，包含故事中的謎題任務及各單元末的「數感百科」。

你發現了什麼？畢竟是實體書，因此書中較少提到「科技」層面，我認為這時老師/家長可以進行的協助是：

指導他們以「Google搜尋 / Google地圖」自主活用科技資源，查詢更多補充資料，比如說在「單位」單元，可以進行特定類型物件的重量/長度比較（查詢「大型動物的體重」，並用同一單位比較、排行）；長度/面積單位也可以活用Google地圖，感受熟悉地點間的距離關係。如此一來，讓數學不再單單只是數學，還能從中跨越科目進入自然、社會、資訊場域，這套書對於STEAM或素養教學入門，必定是妙用無窮的工具書。

增加「數學感覺」也是我平常上數學課時的重點，除了照著課本題目教以外，我也會時時在進入課程前期、中期進行提問（例如：「為什麼人類需要小數？它跟整數有什麼不同？可以解決生活中的什麼事情？」。在本書的應用上，可以結合這樣的提問，讓孩子先自己預測，再從書中找答案，最後向師長說明或記錄的評量方式，他們便能印象更鮮明。總而言之，我認為比起計算能力的培養，「數感」才是化解數學噩夢的治本法門，有了正向的「數學感覺」，才有可能點亮孩子對數學（甚至是自然、社會、資訊等）的喜愛，快用《數感小學冒險系列》消弭孩子對數學科的恐懼吧！

賓果卡
BINGO！

1	2	3	4	5	6
1	2	3	4	5	6
1	2	3	4	5	6
1	2	3	4	5	6
1	2	3	4	5	6
1	2	3	4	5	6
1	2	3	4	5	6
1	2	3	4	5	6
1	2	3	4	5	6
1	2	3	4	5	6

6	5	4	3	2	1
6	5	4	3	2	1
6	5	4	3	2	1
6	5	4	3	2	1
6	5	4	3	2	1
6	5	4	3	2	1
6	5	4	3	2	1
6	5	4	3	2	1
6	5	4	3	2	1
6	5	4	3	2	1

7	8	9	10	11	12
7	8	9	10	11	12
7	8	9	10	11	12
7	8	9	10	11	12
7	8	9	10	11	12
7	8	9	10	11	12
7	8	9	10	11	12
7	8	9	10	11	12
7	8	9	10	11	12
7	8	9	10	11	12

12	11	10	9	8	7
12	11	10	9	8	7
12	11	10	9	8	7
12	11	10	9	8	7
12	11	10	9	8	7
12	11	10	9	8	7
12	11	10	9	8	7
12	11	10	9	8	7
12	11	10	9	8	7
12	11	10	9	8	7

●● 知識讀本館

作者	王文華、賴以威
繪者	BO2、楊容
照片提供	Shutterstock、維基百科

責任編輯	呂育修
文字編輯	高凌華
美術設計	洋蔥設計
行銷企劃	陳雅婷

天下雜誌群創辦人　殷允芃
董事長兼執行長　何琦瑜
媒體暨產品事業群

總經理	游玉雪
副總經理	林彥傑
總編輯	林欣靜
行銷總監	林育菁
主編	楊琇珊
版權主任	何晨瑋、黃微真

出版者	親子天下股份有限公司
地址	台北市 104 建國北路一段 96 號 4 樓
電話	(02) 2509-2800
傳真	(02) 2509-2462
網址	www.parenting.com.tw
讀者服務專線	(02) 2662-0332　週一～週五：09:00 ～ 17:30
讀者服務傳真	(02) 2662-6048
客服信箱	parenting@cw.com.tw
法律顧問	台英國際商務法律事務所・羅明通律師
製版印刷	中原造像股份有限公司
總經銷	大和圖書有限公司　(02) 8990-2588

出版日期	2020 年 4 月第二版第一次印行
	2024 年 4 月第二版第七次印行
定價	300 元
書號	BKKKC145P
ISBN	978-957-503-578-5（平裝）

訂購服務
親子天下 Shopping　shopping.parenting.com.tw
海外・大量訂購　parenting@cw.com.tw
書香花園　台北市建國北路二段 6 巷 11 號　(02) 2506-1635
劃撥帳號　50331356 親子天下股份有限公司

國家圖書館出版品預行編目 (CIP) 資料

金麻雀召集令 / 王文華，賴以威文；BO2，
楊容圖 . -- 第二版 . -- 臺北市：親子天下, 2020.04
　面；　公分 . -- (數感小學冒險系列；6)

ISBN 978-957-503-578-5(平裝)

1. 數學教育 2. 小學教學

523.32　　　　　　　　　　　　109003372

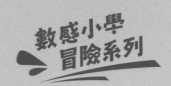

數感小學
冒險系列

金麻雀
6 召集令

立即購買 >